PUBLICATIONS DE LA RÉUNION DES OFFICIERS

HISTORIQUE

DU

SERVICE RELIGIEUX

DANS LES ARMÉES

SUIVI

D'UN PROJET D'ORGANISATION DE L'AUMONERIE MILITAIRE

PAR

L. LÉQUES

SOUS-INTENDANT MILITAIRE,

MEMBRE DE LA SOCIÉTÉ DES ÉTUDES HISTORIQUES,

DE LA SOCIÉTÉ ARCHÉOLOGIQUE DE TOURAINE, ETC.

> « Celui qui renverse la religion
> renverse le fondement de toute
> société humaine. » (PLATON.)

TOURS

IMPRIMERIE JULES BOUSEREZ

—

1873

PUBLICATIONS DE LA RÉUNION DES OFFICIERS

HISTORIQUE

DU

SERVICE RELIGIEUX

DANS LES ARMÉES

SUIVI

D'UN PROJET D'ORGANISATION DE L'AUMONERIE MILITAIRE

PAR

L. LÉQUES

SOUS-INTENDANT MILITAIRE,

MEMBRE DE LA SOCIÉTÉ DES ÉTUDES HISTORIQUES,

DE LA SOCIÉTÉ ARCHÉOLOGIQUE DE TOURAINE, ETC.

> « Celui qui renverse la religion
> renverse le fondement de toute
> société humaine. »   (PLATON.)

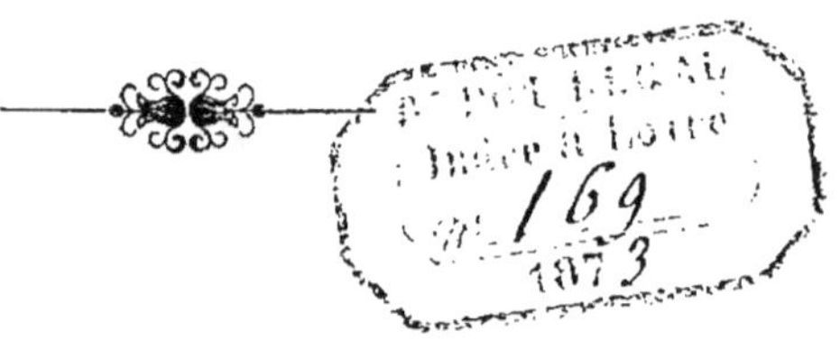

TOURS

IMPRIMERIE JULES BOUSEREZ

—

1873

HISTORIQUE

DU

SERVICE RELIGIEUX

DANS LES ARMÉES

Dans toutes les périodes successives de la civilisation, la religion a toujours été le principal fondement des sociétés humaines. A l'âge pastoral, les tribus errantes dans leurs vastes solitudes ont toutes des dieux qui marchent devant elles; c'est en présence de la Divinité, c'est en son nom qu'elles se forment en corps de nation. Plus tard, quand les peuplades arrivent à l'âge sédentaire, un temple est le premier monument autour duquel elles bâtissent la cité; les rites sacrés sont leur première loi; Dieu leur premier lien.

Si la religion a toujours exercé une grande influence sur les diverses institutions des peuples, elle fut surtout mêlée à leur système militaire. La guerre a tant de hasards, elle offre tant de surprises et de paniques inexplicables, que les belligérants ont toujours senti le besoin de s'assurer de la volonté et du concours du Ciel. Dans les camps d'Alexandre, comme dans ceux de Darius, on faisait des sacrifices avant de rien entreprendre. Chez les Romains, une corporation sacerdotale, composée de *victimarii* et d'*augures pullarii,* était attachée à la légion. Et, sans doute, rien ne pouvait être plus propre à animer le soldat d'un courage intrépide, que la vue du général faisant un sacrifice avant le combat, ou observant la citadelle de Rome pour recevoir le signal que donneraient les augures. Bien plus, les dieux étaient réputés combattre avec leurs protégés, et, après la bataille, on les remerciait de la victoire ou on leur reprochait la défaite.

Polybe place le respect de la religion parmi les causes qui firent la grandeur de Rome. Mais, quand l'Empire eut admis dans ses armées des peuples de nationalités différentes, qu'il eut transporté dans le Panthéon toutes les divinités de l'univers, le soldat devint étranger à la patrie, le citoyen aux dieux de ses pères. Les Romains semblaient être les maîtres du ciel et de la terre et n'avaient plus en réalité ni patrie ni religion. Centralisation politique, scepticisme religieux, voilà ce qui causa l'effondrement du colosse de l'Empire.

Les Barbares, les vainqueurs des Romains, avaient une croyance énergique, quoique incohérente, à l'immortalité des âmes. Les historiens nous ont rapporté que, quand un chef germain venait à mourir, on ensevelissait avec lui son cheval, ses armes et quelquefois ses serviteurs, afin qu'il pût arriver en guerrier dans le Walhalla, paradis où combattre et manger étaient les principaux passe-temps. César attribue à cette croyance l'intrépidité avec laquelle les Barbares bravaient le danger et affrontaient la mort.

Si le monde romain était livré à la désorganisation d'une mort lente, de son côté, le monde barbare était en proie à la fermentation d'une vie naissante. Vainqueurs et vaincus n'avaient à mettre en commun, pour fonder une société nouvelle, que des ruines et des vices. Avec cet assemblage, comment constituer un monde qui fût supérieur à l'ancien ? Quel principe pouvait être assez puissant pour relever ces ruines, pour modérer ces débordements, enfin pour faire surgir du chaos une nation ? Le christianisme (1).

A ne le prendre même que par le côté humain, le chris-

(1) Ce passage est emprunté à l'auteur de la *Vie religieuse et militaire au moyen âge*; Bibliophile Jacob.

tianisme fut un grand événement social. Proclamant une religion universelle, exempte de toute particularité locale et nationale, s'adressant à tous les hommes au nom du même Dieu, et offrant à tous le même salut, il rallia tous les cœurs et prépara la fraternité politique des peuples. Tertullien, celui qu'on a nommé le Bossuet de l'Afrique, avait dit dès le IIe siècle : « La république du genre humain, voilà ce que nous demandons. » Il faut reconnaître aussi que les coutumes des peuplades germaniques étaient favorables aux idées de liberté et d'égalité politiques déposées en germe dans l'Évangile.

A l'époque où le christianisme s'implanta dans les Gaules, ce n'était plus une simple croyance, un sentiment, une conviction individuelle, c'était une institution. Il s'était constitué un corps de clergé, une hiérarchie avec ses degrés pour les diverses fonctions ecclésiastiques ; en un mot, le christianisme n'était pas seulement une religion, c'était une Église. Formée, quant aux circonscriptions territoriales, sur le modèle de l'administration de l'Empire, l'Église suppléa au pouvoir temporel en dissolution ; elle sauva les débris de la civilisation, pour les transmettre du monde ancien au monde nouveau. Au milieu de l'anarchie générale, l'Église devint un immense asile. Asile pour les Barbares, qui se réfugiaient dans son sein contre leurs passions, leurs violences ; asile pour les vaincus, pour ceux qui souffraient, elle les protégea contre la force, la barbarie ; asile pour l'homme libre ; asile pour l'esclave. Elle aida celui-ci à devenir serf, le serf à devenir homme, et l'homme à devenir citoyen. Aussi un publiciste a-t-il pu dire avec raison que « le plus grand bienfaiteur du moyen âge est le christianisme. » L'historien Gibbon est amené à reconnaître, malgré ses préjugés, que « les évêques ont fait le royaume de France. » Nous ajouterons que la Papauté, croyant fermement que ce royaume était le missionnaire du Christ en Europe, veilla toujours sur nos ancêtres avec une paternelle sollicitude. La Papauté ne se trompait point, car, de nos jours encore, c'est l'Église de France qui fournit le plus de missionnaires. Des plumes plus exercées et plus autorisées que la nôtre ont développé avec une grande largeur de vue tous les titres de l'Église et de la Papauté à la reconnaissance et à l'amour de la nation française.

Devenus chrétiens, nos pères, belliqueux de nature, ne pouvaient manquer d'associer la religion à leurs entreprises. Dès l'aurore même de notre histoire nationale, nous trouvons donc le clergé dans nos armées; mais sa présence y est motivée par des causes diverses, suivant l'état de la société. Nous allons les passer successivement en revue, en traçant l'historique du service religieux militaire.

I.

Après la conversion de Clovis, les évêques, qui avaient reçu de grands domaines, durent paraître sur les champs de bataille, à côté des autres propriétaires allodiaux : c'était alors la loi commune, que tout possesseur d'un alleu devait le service des armes *en personne*. Mais ici, remarquons-le bien, la présence du clergé parmi les troupes en campagne n'est encore qu'une institution politique. L'assistance religieuse du soldat en découle naturellement, il est vrai, mais ce n'est pas le but principal que vise cette législation.

Avec le progrès et l'épanouissement de l'influence de l'Église, un grand pas est bientôt fait en avant sur cette voie. A partir du viiie siècle, on voit figurer dans les armées les ministres de la religion, avec la mission spéciale d'administrer les sacrements de pénitence. Le premier concile de Ratisbonne, tenu en 742, ordonna que tout chef d'armée serait accompagné dans ses expéditions de deux évêques avec un nombre proportionné de clercs, et que chaque

comte, marchant en guerre à la tête des hommes qu'il avait
levés, serait suivi de son confesseur. Il n'est pas inutile
d'ajouter que, depuis l'année 722, les Papes avaient accordé
à nos rois des bulles qui leur permettaient d'avoir dans
leur trésor des autels portatifs pour satisfaire leur dévotion
au milieu même de leurs expéditions. Les chroniques nous
font connaître que ce privilége s'étendit plus tard, même
à l'occasion des chasses, ainsi qu'en témoigne la fonda-
tion du couvent d'Hildenesheim par Louis le Pieux.

La présence des évêques et des grands seigneurs ecclésiastiques à la tête de leurs troupes avait plus d'un genre
d'inconvénient, comme il est facile de le penser. Tous,
sans doute, ne portaient pas personnellement les armes;
mais ils commandaient à leurs hommes le massacre et
toutes les horreurs que la guerre entraîne avec elle. Une
réaction commençait à se manifester dans le sein du clergé
contre une coutume si opposée au caractère ecclésiastique;
car l'Église, suivant une maxime célèbre, a *horreur du
sang*. Nous en trouvons un premier témoignage dans un
capitulaire de Carloman. Ce prince interdit aux clercs
de paraître aux armées et de combattre sous peine de
déposition, exceptant seulement ceux qui étaient désignés
pour célébrer le service divin et pour porter les saintes
reliques (1). Mais, en compensation, il s'empara d'une
partie des biens de l'Église, sous le spécieux prétexte de
subvenir aux charges militaires que le sol devait supporter
pour la défense commune. Au fond, ce n'était qu'une spo-
liation déguisée sous une apparence de piété et d'intérêt
public. Dès Chilpéric s'était produite cette théorie, que
les hommes consacrés à Dieu devaient se contenter du
strict nécessaire et se borner à avoir de quoi se vêtir et se
nourrir. Tel était le langage tenu par Ceutufle à Dagobert,
qui l'avait chargé de faire le dénombrement des possessions

____

(1) Capit. Kar... 742, II.

des abbayes, et d'en inscrire la moitié sur les registres du fisc, « en d'autres termes, de les confisquer, » afin d'en disposer en faveur de ses leudes (1). Il est vrai, ces spoliations n'avaient le plus souvent qu'un caractère temporaire ; mais n'était-ce pas le travail assidu des moines qui avait défriché le sol et l'avait transformé par la culture ? Étrange évolution des temps et des idées ! De nos jours ne proclame-t-on pas bien haut que la terre doit appartenir à qui la cultive, à qui l'arrose de ses sueurs ?

D'autres préoccupations, probablement d'une nature politique, inspirèrent à Charlemagne des mesures opposées. Ce grand prince, qui voulait donner la religion pour base à ses institutions, mêla les évêques à toutes les affaires importantes du royaume, à l'enseignement, à la justice, à l'administration, à la législation ; il les mêla aussi aux choses de la guerre. Bien plus, les assimilant aux comtes, il voulait qu'ils fussent pourvus d'un casque et d'une cuirasse : ils devaient se rendre à l'armée, armés de toutes pièces. C'était aller beaucoup trop loin, et les fidèles refusèrent de reconnaître sous ces dehors tout militaires des ministres de paix et de charité. Aussi, en 803, le peuple supplia-t-il l'empereur de ne pas permettre aux évêques d'aller à la guerre, où ils s'exposaient à périr et à être faits prisonniers. La pétition révèle l'influence des idées religieuses dans ces siècles reculés, et nous montre sous un jour naïf les mœurs de l'époque. A ce point de vue, elle mérite d'être rapportée dans son entier. Nous la reproduisons telle que nous l'avons empruntée à M. Edgard Boutaric (2).

« Nous supplions à genoux Votre Majesté de ne plus « permettre que les évêques soient soumis, comme par le

---

(1) *Acta Sanct. ord. S. Benedicti*, T. i, p. 376.

(2) Nous saisissons l'occasion de dire que nous avons fait des emprunts à cet auteur, ainsi qu'à M. Auguste Vitu.

« passé, à l'obligation de porter les armes. Pendant que
« vous et nous marchons contre les ennemis, qu'ils rési-
« dent dans leurs diocèses et s'occupent à servir Dieu
« fidèlement, à remplir leur saint ministère, conformé-
« ment aux canons, et d'une manière agréable au Sei-
« gneur; à prier avec ferveur, ainsi que ceux qui sont
« confiés à leur soin, pour vous et pour toute votre armée,
« à chanter la messe, à réciter les litanies des Saints, et à
« faire des aumônes. Nous avons vu plusieurs évêques
« blessés dans les combats; nous n'ignorons pas que
« même plusieurs y ont perdu la vie. C'est un état de
« choses plein de périls, et qu'on doit absolument éviter.
« Aussi nous vous conseillons de ne pas continuer à nous
« exposer, nous et vous, à la mort, en maintenant un tel
« abus; car le Seigneur sait qu'en voyant nos pasteurs
« ainsi menacés, la crainte nous saisit, et que plusieurs
« d'entre nous, cédant à leur terreur, ont pris la fuite et
« tourné le dos à l'ennemi. Vous aurez même un plus
« grand nombre de combattants en laissant les évêques
« dans leurs diocèses qu'en les emmenant avec nous; car
« ceux qui veillent à leur sûreté combattront, tandis qu'ils
« restent dans l'inaction, n'ayant d'autre soin que celui
« de les protéger. Il vous sera plus avantageux de les auto-
« riser à rester chez eux, que de les contraindre à vous
« suivre et à prendre part aux combats, puisque leurs
« prières nous seront d'un plus grand secours, tandis que
« les dangers qu'ils courent ne peuvent que nous nuire.
« Pendant que Moïse priait, les bras levés vers le ciel,
« Israël triomphait; lorsqu'il cessait de prier, ou que ses
« bras s'abaissaient appesantis, les Israélites étaient vain-
« cus. Éclairés par cet exemple, et par plusieurs autres
« que nous passons sous silence, pour éviter toute lon-
« gueur, car le sage n'a pas besoin qu'on l'avertisse deux
« fois, nous vous prions instamment et vous requérons,
« car nous ne voulons plus le souffrir, que les évêques

« soient dispensés d'aller avec nous à la guerre, excepté
« deux ou trois des plus instruits, élus par les autres
« évêques, pour nous donner leur bénédiction, réconcilier
« ceux qui sont en péril, et nous empêcher de périr en nous
« aidant de leurs prières. Nous désirons qu'il en soit de
« même des prêtres : que ceux-là seuls aillent à l'armée
« qui auront été choisis par leur évêque parmi les plus
« savants, et qui nous offrent toute garantie par leur
« science, leurs mœurs et leur conduite. Cependant nous
« voulons que vous sachiez, ainsi que tout le monde, que
« notre demande n'a pas pour but d'enlever aux évêques
« une partie de leurs biens, ni d'en exiger de l'argent
« (qu'ils consentiraient à vous donner librement), ni à
« dépouiller les églises ; loin de là, nous souhaiterions,
« avec l'aide de Dieu, accroître leurs richesses, afin d'être
« sauvés, vous et nous, de désarmer le Seigneur et de
« mériter grâce à ses yeux. » Le peuple finissait en priant
le roi de lui accorder sa demande et d'en faire l'objet d'un
capitulaire (1).

Ces derniers traits nous montrent bien que les évêques
n'étaient pas étrangers à cette démarche solennelle. Ils
craignaient sans doute, en rentrant dans leur rôle pacifique, que Charlemagne ne se prévalût de leur retraite pour
les faire contribuer d'une autre manière au service militaire. Aussi jugèrent-ils à propos de réclamer en ceci
l'intervention toute-puissante du souverain Pontife. La
requête, appuyée par le pape Adrien, qui écrivit à l'empereur : *Ut non permittat episcopos vel clericos militarem
induere armaturam,* fut adoptée par l'assemblée générale
et revêtue de la sanction impériale. L'empereur défen-
dit aux prêtres de porter des armes et de répandre le
sang ; mais en même temps il déclara que les évêques qui
resteraient dans leur diocèse équiperaient des troupes et

____

(1) Capitulaire de Worms en 803. Baluze, I, 405 et 406.

les enverraient au roi ou à celui qu'il désignerait pour les commander. Il rappela ensuite que c'était la coutume chez les Lombards et chez les Espagnols que les évêques allassent à la guerre, que cet usage avait jusqu'alors été en vigueur dans le royaume des Franks, et qu'il le supprimait pour ne pas attirer sur sa tête et sur celle de son peuple les malheurs qui avaient accablé les royaumes de Lombardie et d'Espagne (1).

Bien que des capitulaires postérieurs renouvelassent cette défense, encore qu'on menaçât ceux qui violeraient cette prescription de les dégrader et de les renfermer dans un monastère pour y faire pénitence, ces sages prescriptions n'étaient point observées. Les évêques craignaient-ils de perdre leur influence sur les populations en les abandonnant pendant des mois entiers à la conduite du comte, qui était naturellement l'ennemi de leur puissance politique? Craignaient-ils d'être dédaignés ou méprisés par des soldats qui ne les auraient pas vus avec eux au jour du danger? Enfin, craignaient-ils qu'on ne mît en avant le prétexte déjà invoqué plusieurs fois, à savoir l'incapacité des détenteurs du sol de concourir par les armes à la défense commune? Ou bien, sortis pour la plupart des grandes familles militaires, cédaient-ils tout simplement au penchant de leur race et à la fougue de leur sang? Nous l'ignorons. Quoi qu'il en fût, les prélats ne se croyaient pas dispensés de remplir les devoirs attachés aux bénéfices territoriaux, et, selon l'expression d'Hincmar, l'illustre archevêque de Reims, de rendre à César ce qui appartenait à César (2). A cette époque, c'était une oraison funèbre d'évêque : *Bon clerc et brave soldat.* Il n'y a donc pas lieu de s'étonner lorsqu'on voit des prélats s'indigner qu'on leur présente la pacifique mule et qu'on veuille les aider à

(1) Baluze, I, col. 409.
(2) Hincmar, *opera,* II, page 324.

monter. Véritables hommes d'armes, il leur faut un destrier, et ils s'élancent d'eux-mêmes. Ils marchent avec le contingent fourni par leur diocèse, comme les comtes et autres officiers royaux avec leurs vassaux, pour faire rebrousser chemin aux voiles blanches des Normands; Médoin, évêque d'Autun, commande l'armée qu'on envoie en Aquitaine pour repousser ces pirates; l'évêque Gozlin se signale par sa bravoure dans la défense de Paris; Ansegise leur fait lever le siége de Troyes; et l'humeur guerrière des moines de Cluny, commandés par leur abbé Odilon, tient une large place dans le pamphlet adressé en 1006 par Adalbéron au roi Robert, fils de Hugues Capet. Le caractère de la guerre des Normands nous explique ce qu'il y avait d'irrégulier dans la conduite des prélats. Les fanatiques fils d'Odin versaient avec plaisir le sang des prêtres de la religion chrétienne. « Nous leur avons chanté la messe des lances, disaient-ils, après avoir dévasté quelque canton du territoire; elle a commencé de grand matin, et elle a duré jusqu'à la nuit. » C'était encore moins le fanatisme qu'une soif insatiable du butin qui possédait ces barbares du Nord. Aussi se jettent-ils, de préférence aux châteaux et aux chaumières, sur les édifices sacrés, où la piété des fidèles avait accumulé tant de richesses, dépouiller les trésors des sanctuaires, et faire main basse sur tous les objets précieux qui s'y trouvaient. Devant cette agression sauvage, qui s'attaquait à Dieu même et à ses saints, les clercs se croyaient autorisés à se départir des règles, pour défendre leurs autels et leurs saints protecteurs contre la rapacité de l'ennemi. La guerre était alors une œuvre pie par excellence. De plus, les populations, démoralisées par le pillage, le meurtre et l'incendie, avaient sans doute besoin de voir à leur tête leurs chefs religieux, pour puiser dans leur présence la confiance qui commençait à leur manquer dans les secours du Ciel.

Ainsi s'explique le double courant que nous voyons régner

à cette époque dans les opinions du clergé sur cette matière. Pendant que le concile de Vernon, en 845, enjoignait aux évêques et abbés de conduire leurs hommes à la guerre à moins d'une dispense royale ou sauf le cas de maladie (1), la même année, le concile de Meaux décidait que les membres de la cléricature qui marchaient avec des armes violaient et méprisaient les saints canons, et qu'ils étaient les profanateurs de la sainteté ecclésiastique. Comment concilier les deux prescriptions? Les prélats se rendaient à l'armée, et là ils se comportaient selon leur tempérament. Les pacifiques levaient les mains au ciel, pendant que les belliqueux combattaient effectivement. Toutefois, ces derniers, pour ne pas enfreindre les canons de l'Église en répandant le sang, s'armaient d'une masse avec laquelle ils étourdissaient et abattaient leurs adversaires.

Sous le régime de la Féodalité, l'Église devint elle-même peu à peu féodale. Il lui était d'ailleurs impossible de s'isoler du système qui pénétrait toute la société. Par cela seul que l'évêque ou l'abbé possédait des terres en bénéfices, force lui était de subir la loi générale de suzeraineté et de vasselage qui régissait les fiefs territoriaux. En s'y soumettant, en l'adoptant, le clergé conquit des avantages; il put se mêler à cette société encore à demi barbare pour la pénétrer de l'esprit chrétien; il put aussi, par son pouvoir temporel, faire respecter son indépendance, à une époque où ce pouvoir donnait des titres au respect. Nous n'avons pas à le céler, de graves abus durent se mêler et se mêlèrent en effet à cet encadrement, pour ainsi parler, de l'Église dans la féodalité. Pourtant, il faut le dire aussi, ces abus furent l'œuvre des temps plus encore que ceux des hommes; au surplus, quels qu'ils fussent, ils mirent en évidence l'impérissable énergie de l'Église et le rare privilége qui lui a été départi, celui de trouver en elle-même

____

(1) Baluze, II, col. 27.

les remèdes à ses maux, de se réformer par l'immuable programme de la foi et des mœurs.

Pendant toute la période féodale, nous ne trouvons plus aucune trace de l'organisation du service religieux dans les armées, ou du moins ce service revêt un caractère entièrement privé, à l'usage spécial des rois, des princes ou des seigneurs.

Sous les rois de la première race, l'officier ecclésiastique chargé d'exercer auprès de leur personne les fonctions du ministère sacré, portait le nom d'*apocrisiaire,* sorte de ministre des affaires ecclésiastiques. Plus tard, les rois carolingiens, ne voulant plus être importunés par le peuple quand ils allaient, les jours de fêtes et les dimanches, entendre le service divin dans les églises cathédrales ou paroissiales, firent bâtir auprès de leur palais un oratoire particulier, dans lequel ils conservaient religieusement la petite cape que saint Martin revêtit après avoir donné sa tunique à un pauvre. De là le nom de chapelle donné à l'oratoire, et celui.de chapelain pris par les clercs qui la desservaient. Le supérieur des chapelains prenait le nom d'archichapelain, et tenait le premier rang parmi les officiers du palais. Il était chargé de célébrer la messe pour le roi et l'armée. Dès le xie siècle, les princes, les seigneurs, les nobles, les riches bourgeois eux-mêmes avaient fondé des chapelles particulières et avaient leur chapelain (1). Ils l'emmenaient lorsqu'ils partaient en expédition. Les mœurs suppléaient ainsi au défaut des institutions.

Ce fut surtout à l'époque des croisades, où s'exaltèrent tous les sentiments chevaleresques et pieux, qu'on vit les

(1) Il paraît même que cet usage s'était répandu au point de causer quelque scandale ; car on voit, d'après un capitulaire de Louis le Pieux, que les évêques se plaignaient de voir les églises des villes désertées par la classe élevée, et souvent même par les hommes libres, qui, répondant volontiers à l'invitation des nobles, allaient de préférence assister aux saints offices dans ces chapelles particulières.

seigneurs se faire accompagner de leurs prêtres, pour avoir en pays infidèle les secours religieux. Un grand nombre d'ecclésiastiques faisaient en outre partie de ces saintes expéditions, non comme belligérants, mais comme pèlerins, et leur présence y était aussi motivée par les besoins spirituels de cette foule pieuse, faible et désarmée, qui faisait à la suite des croisés le voyage de Jérusalem. En effet, derrière les troupes armées cheminaient, bannières déployées, des bandes de pèlerins infirmes, femmes, enfants, vieillards, conduits par des prêtres revêtus de leurs ornements sacerdotaux. Le P. Thomassin dit que les papes, les évêques et les plus saints religieux ont exhorté les fidèles à s'engager dans les croisades, mais qu'ils ont toujours défendu aux clercs d'entrer dans ces milices saintes et de répandre le sang des mahométans.

Plusieurs faits historiques montrent le rôle joué par les ecclésiastiques au milieu des troupes des Croisés.

Comme les chrétiens étaient investis autour d'Antioche par l'armée de Corboghâ, émir de Mossoul, ils sortirent le 28 juin 1098, jour de la fête de saint Pierre et de saint Paul, une partie du clergé marchant en tête et chantant le psaume LXVIIe : *Que le Seigneur se lève, et que ses ennemis soient dispersés !* « J'ai vu ces choses, moi qui parle, dit « l'un des chroniqueurs, Raymond d'Agyles, chapelain du « comte de Toulouse : j'étais, là et je portais la lance « du Seigneur. »

L'année suivante, au jour fixé pour livrer l'assaut à Jérusalem, après un jeûne rigoureux, tous les Croisés sortirent en armes de leurs quartiers; précédés de tous les prêtres, vêtus de chapes blanches, pieds nus, chantant des psaumes, ils firent autour de la ville sainte une procession lente, s'arrêtant à tous les lieux consacrés par quelque fait de l'histoire sacrée, écoutant les discours de leurs prêtres et levant des yeux pleins de colère au bruit des injures que les Sarrasins leur jetaient du haut des remparts, et à la

vue des outrages dont ils accablaient des croix plantées
de leurs mains, comme aussi tous les symboles de la foi
chrétienne.

Le sire de Joinville, qui accompagna Louis IX dans sa
première croisade, raconte ce qui suit : « Tous les jours,
« le Roy oit à note ses heures, et une messe de *requiem*
« sans note, et puis la messe du jour ou du saint, se il cheoit
« à note. Tous les jours il se déposoit, après manger, en son
« lit ; et quand il avoit dormi et reposé, si disoit en sa
« chambre avec un de ses chapelains avant d'entendre les
« vêpres. Le soir ooit ses complies. » Voici un fait qui est
personnel à Joinville : « Et si j'estoye bien malade, pareille-
« ment l'estoit mon povre prebstre. Car ung jour advint,
« ainsy qu'il chantait messe devant moy, moy estant au
« lit malade, quand il fust à l'endroit de son sacrement, je
« l'apperceu si trez-malade, que visiblement je le véoye
« pasmer. Et quand je vy qu'il se voloit lesser tomber en
« terre, je me gecté hors de mon lit tout malade comme je
« l'estoye, et prins ma cotte, et l'allé embrasser par der-
« rière : et lui dis qu'il fist tant à son aise et en paix, et
« qu'il prensit courage et fiance en celuy qu'il devenir
« tenir entre ses mains. Et à donc s'en revint ung peu,
« et ne le lesse jusques ad ce qu'il lust achevé son sacre-
« ment, ce qu'il fist. Et aussi acheva il de célébrer la messe,
« et oncques puis ne chanta, et mourust. Dien en ayt
« l'âme. »

Le même historien nous dit que, pendant son séjour en
Chypre, Louis IX reçut les ambassadeurs du kan des Tartares et lui envoya les siens. « Et par les messagers envoia
le Roy au Roy des Tartares une tente faite en la guise d'une
chapelle, qui moult cousta ; car elle fu toute faite en bone
acarlate finne. Et le Roy, pour veoir se il les pourrait atraire
à nostre créance, fist entailler en ladite chapelle, par ymages
l'Annonciation, Nostre-Dame et touz les autres poins de la
foy. Et ces choses leur envoia il par deux frères preescheurs

qui savaient le sarrasinnois pour eulz monstrer et enseigner comment ils devoient croire. » Ce détail permet de conjecturer que des oratoires étaient établis dans des tentes.

Si, grâce à la présence des prêtres au milieu de l'armée, le service religieux laissait peu de chose à désirer, il n'en était pas de même des services administratifs. Il n'existait aucune administration dans les milices des Croisés. Aussi la famine, la peste, la lèpre, les fièvres éruptives y firent-elles de grands ravages. Heureusement que l'idée chrétienne inspira la création des ordres hospitaliers. Parmi ces pieuses associations, nous citerons l'ordre de Saint-Jean-de-Jérusalem, qui comprenait trois classes de membres : celle des chevaliers, qui combattaient; celle de leurs suivants; celle des prêtres et des chapelains, qui, outre les fonctions attachées à leur caractère, soit dans le sanctuaire, soit auprès des malades, devaient encore, chacun à leur tour, servir d'aumôniers dans les expéditions.

II.

L'ébranlement causé par les croisades eut pour conséquence deux faits qui touchent en certains points à notre sujet : l'affranchissement des communes, le service mercenaire.

Dès l'époque des invasions normandes s'était groupée autour des couvents, des monastères ou des églises, une population agricole, qui venait y chercher une protection et des secours spirituels. Ainsi se fondait le bourg ou la paroisse rurale, élément des communes futures. A l'ombre du clocher, autour de l'enclos abbatial, peut-être sous la protection d'une seconde enceinte murée, moins forte, moins haute que l'autre, capable cependant de résister aux attaques et aux déprédations, si fréquentes en ces temps-là, s'abritaient des échoppes, des boutiques, des hangars destinés à la vente des récoltes, des bestiaux, des produits agricoles ou industriels du domaine de l'évêque ou de l'abbaye. Or, comme les seules voix indépendantes qui s'élevassent au moyen âge en faveur des faibles opprimés partaient du clergé, il n'est pas étonnant que ces agglomérations, ces paroisses, aient vu leur population aller en s'augmentant de jour en jour. Partout où s'élevait une église, où s'étendait l'influence d'une abbaye, là pouvait-on être assuré d'avoir un seigneur plus pacifique et plus bienveillant qu'aucun autre. Et il faut croire que le sort des sujets placés sous la domination ecclésiastique n'était pas si misérable, puisque c'est d'eux que nous est venu ce proverbe : *Il fait bon vivre sous la crosse.* Donc tandis que les barons laissaient dépérir la classe rustique attachée à la glèbe, et ne s'occupaient que d'accroître le nombre de leurs hommes d'armes, l'Église, au contraire, attirait par des concessions de nombreux serfs sur ses domaines, développait la population rurale, qui lui donnait l'abondance, la richesse, et d'un autre côté mettait sous son gouvernement temporel la classe la plus nombreuse, dont les rangs pressés sont les assises de l'édifice social. C'est pourquoi, alors qu'un baron amenait au roi cinquante ou soixante hommes d'armes, un diocèse, une seule abbaye pouvait lever sans peine plusieurs milliers de paysans. Car le clergé, possédait des domaines très-considérables. Les évêques étaient devenus seigneurs féodaux de leur ville épiscopale ; les abbés, des bourgs et des paroisses au milieu desquels s'élevait leur monastère. Les abbés de Saint-Germain, de Sainte-Geneviève et de Saint-Victor étaient suzerains, chacun d'un quartier de Paris ; l'abbé de Saint-Martin de Tours avait vingt mille serfs sur ses terres, etc.

Une force aussi considérable ne pouvait être négligée par la royauté dans la lutte qu'elle allait entreprendre contre les grands vassaux ambitieux. Une politique clairvoyante lui conseillait de s'appuyer fortement sur ces éléments de résistance dont elle n'avait rien à craindre pour son propre compte. Ces grandes vues, où se retrouve la mission que s'était donnée la royauté française, amenèrent la création des milices paroissiales d'abord, et plus tard communales.

C'est Louis VI qui donna, le premier, le signal de ce mouvement. A son avénement au trône, ce prince appela à lui l'Église et le peuple. « Pour détruire l'oppression des « brigands et des séditieux, dit Orderic Vital, bon et véné-« rable moine contemporain, le roi sollicita de suite, pour « toute la Gaule, le secours des évêques, et dans la France « du moins (1), les prélats établirent la communauté popu-« laire, dont le but était que les curés accompagnassent le « roi dans les siéges et les combats avec leurs bannières « et tous leurs paroissiens (2). » Qui s'étonnerait que les pauvres serfs accourussent avec enthousiasme à l'appel de leurs prêtres; ils se tournaient vers les issues qui leur faisaient entrevoir une espérance d'affranchissement.

La présence du clergé inspirait une ardeur guerrière aux roturiers; la vue de leurs pasteurs, la certitude de mourir pour une cause sainte, les rendaient invincibles ; plus d'un prêtre payait de sa personne et donnait à ses ouailles l'exemple du courage. A cette occasion, nous nous ferions un reproche d'oublier de raconter le trait de l'un de ces prêtres qui avait accompagné, en 1111, ses paroissiens au siége du château du Puiset, repaire féodal, placé aux confins de la Bauce et de l'Orléanais, et dont le seigneur infestait également les terres de la maison de Chartres et celles de France (3).

(1) L'auteur veut parler ici du duché de France seulement.
(2) Ord. Vitalis, Hist. lib. II.
(3) Suger, Vita Ludovici Grossi. Bouquet, t. XII. Duchesne, Hist. franc. script., t. IV, p. 301. E. Boutaric, *Institutions militaires de la France.*

Le château du Puiset était très-fort ; l'art avait secondé la nature pour le rendre inexpugnable : d'un côté surtout, on ne pouvait l'aborder que par une pente escarpée, dont le pied était défendu par un fossé profond, et le sommet par une palissade de bois percée de meurtrières. Plusieurs assauts avaient été tentés infructueusement : dès que les assaillants parvenaient à la palissade, ils tombaient frappés, personne parmi eux n'osait plus affronter l'escalade. Un seul des prêtres venu avec ses paroissiens se dévoua. On ignore son nom : les témoins de cet acte de bravoure remarquèrent seulement qu'il était chauve, sans armes, tête nue. Se couvrant d'une planche comme d'un bouclier, il monte à l'assaut pour ainsi dire en rampant ; parvenu à la palissade, il se baisse au-dessous des meurtrières, et, à l'abri des coups, s'efforce d'arracher les pieux. Il fait signe à ses paroissiens, qui accourent avec des haches et des piques ; la palissade cède, on pénètre dans le château, et les hommes d'armes du roi n'arrivent qu'après. C'est assurément un plaisir pour l'historien que de mettre au jour le dévouement obscur de ce brave curé de campagne, de ce fils de paysan, de serf peut-être, de cet homme de cœur qui exposa sa vie pour les siens, et dont le courage et l'adresse, en abrégeant la lutte, épargnèrent beaucoup de sang.

Citons encore quelques exemples de ce concours donné à la royauté par les milices paroissiales.

En 1112, dit Guilbert de Nogent, un autre contemporain, Louis le Gros ayant attaqué Thomas de Coucy, l'archevêque métropolitain et les évêques font élever une estrade, appelant à eux tout le peuple, lui ordonnant avec de grandes menaces de prendre part à cette expédition, donnant à tous l'absolution de leurs péchés, leur enjoignant de se précipiter par esprit de pénitence sur celui de ces châteaux qu'on appelle Crécy.

Orderic Vital nous apprend aussi qu'en 1119 Louis le Gros, dans un danger pressant, fit convoquer par les évêques les milices des paroisses. Le roi donna son mandement aux évêques; les évêques le transmirent aux prêtres de leur diocèse respectif, avec ordre à ceux-ci de convoquer leurs paroissiens et de les mener à l'expédition sous peine d'anathème; et l'on vit, au jour indiqué, les Bourguignons, les Auvergnats, les Berruyers, les Senonois, les gens de Parisis, de l'Orléanais, du Vermandois, du Beauvoisis, du Laonnois et d'Etampes accourir « avidement comme le loup vers la proie. » Nous citerons parmi les prélats belliqueux Henri de Dreux, petit-fils de Louis le Gros, évêque de Beauvais. Il fut pris en 1196, les armes à la main avec un de ses archidiacres, par les troupes de Richard Cœur-de-Lion, alors en guerre avec Philippe-Auguste. Le capitaine Mercadier, qui l'avait fait prisonnier, dit en le remettant au roi d'Angleterre : « Roi Richard, j'ai pris et je « vous donne l'homme aux antiennes et aux répons; tenez-« le bien et gardez-le, si vous pouvez. »

Et, à coup sûr, ce n'était pas seulement comme leurs chefs naturels que les curés accompagnaient leurs paroissiens, mais encore pour les encourager et leur donner les secours de leur ministère sur le champ de bataille.

Ce fut surtout pendant la guerre de cent ans que le clergé français fit preuve d'un patriotisme élevé; il eut toujours la haine des Anglais, et contribua par ses exhortations, quelquefois par ses actes, à délivrer la France de l'étranger. Pendant que les princes de la maison de France, les ducs de Berri, d'Orléans et de Bourbon, continuaient à se reconnaître vassaux de la couronne d'Angleterre pour leurs fiefs d'Aquitaine, le clergé montrait au peuple comment on meurt pour la patrie. Disons-le en passant, le tiers-état était appelé à une longue existence, s'il est vrai que dans une nation la vitalité d'une classe se mesure à l'énergie et à l'obstination qu'elle montre pour défendre le pays contre l'invasion étrangère. En 1356, les évêques de Châlons, de Sens et de Melun se signalèrent par de grands

faits d'armes à la sanglante journée de Poitiers; en 1359,
l'évêque de Reims avait sauvé, au moyen de quelques
vigoureuses sorties, sa métropole assiégée par les Anglais.
Jean de Montaigne, archevêque de Sens, se distingua et
succomba dans les champs d'Azincourt. C'est de lui qu'on
disait qu'il portait, au lieu de *mitre,* un bassinet; pour
dalmatique, un haut bergeon; pour *chasuble,* une pièce
d'acier; pour *crosse,* une hache.

Le second fait, qui se rattache aux croisades, est celui de
l'établissement du service mercenaire.

Plusieurs causes entraînèrent la création des troupes
soudoyées, particulièrement l'inconstance et la limitation
du service féodal, en même temps que les retards inhérents
à la levée des milices locales. Devant une agression sou-
daine, le seigneur se trouvait souvent désarmé, et il lui
fallait attendre un assez long temps avant que ses forces
fussent réunies; puis, au milieu d'une expédition dont il
fallait poursuivre et assurer les résultats, il était souvent
abandonné par ces mêmes troupes, qui avaient achevé leur
temps légal de service, ou qui refusaient de sortir du territoire féodal à la défense duquel elles étaient légalement
attachées. Ces graves inconvénients firent songer à constituer une troupe indépendante des caprices des vassaux,
facile à lever, et prête à tout moment. De là, la création
des bandes mercenaires. Les premières furent composées
de nobles ruinés par la guerre, de cadets sans ressources,
et de serfs en rupture de glèbe.

Soldats en temps de guerre, ces aventuriers devenaient
brigands à la paix, et se livraient à toutes sortes d'excès.
« Sur tout le territoire, dit Rigord, on ne rencontrait que
« routiers et cotereaux, gens mal avisés, et sans crainte
« de Dieu aucune..... » « En cette année, » rapporte une
chronique de 1183, « furent occis en la contrée de Bourges
« en Berry sept mille hommes et plus, appelés cotereaux,
« brigands, gens de compaignie, pillards, robleurs, lar-

« rons. C'est tout un ; et sont gens infâmes et dissolus et
« excommuniés. Ils ardaient les monastères et églises où
« le peuple se retraioit, et tourmentaient les prestres et les
« religieux, les appelaient *cantatours* par dérision et leur
« disaient, quand ils les battaient : *Cantatours cantez* (1). »
Il est évident que des troupes pareilles se passaient de
prêtres.

III.

Pour trouver une certaine organisation de l'aumônerie
militaire, il faut arriver jusqu'au xiv⁰ siècle. C'est à cette
date que les chapelains royaux, par suite de l'extension de
leurs attributions primitives, sont chargés du service religieux des troupes.

Quand on avait cessé de porter les reliques dans les
armées, vers le milieu du xi⁰ siècle, les chapelains avaient
été remplacés par des aumôniers auprès des rois et des
seigneurs. Eustache porte encore le titre de chapelain de
Philippe Iᵉʳ vers 1067, et en 1160, Roger, évêque de Séès,
est qualifié d'aumônier du roi Louis VII. Pourtant ce fut
en qualité de chapelain que Guillaume le Breton accompagna Philippe-Auguste dans plusieurs de ses expéditions.
Ce clerc, auteur célèbre de la *Philippide*, se trouvait, le
27 juillet 1213, à la bataille de Bouvines, où il remplissait
les fonctions de sa charge au milieu des combattants. Mais
à partir du xiv⁰ siècle le titre de chapelain cède définitive-
ment la place à celui d'aumônier. Le nom d'aumônier
vient sans doute de ce qu'une de ses attributions consistait
à distribuer aux pauvres les sommes que les rois, pour
accomplir un devoir religieux, employaient en aumônes.

(1) Du Cange.

Une ordonnance rendue par Philippe V, dit le Long, à Bourges, le 16 novembre 1308, pour le gouvernement de l'hôtel du roi, porte : « . . . .
« . . . . . Et quant nostre messe sera tote dite, avant
« que nous partiens de notre oratoire, pourra venir à nous
« nostre *aumosnier* et nous parler des choses qui touche-
« ront le fait de nostre *aumosne* et non de nulles
« autres (1). »

Moins d'un demi-siècle après, les attributions du chapelain royal avaient grandi. Une bulle accordée par Clément VI à Philippe VI de Valois, le 13 mars 1343, permettait au confesseur du roi de France, au confesseur adjoint, au premier chapelain ou à tout prêtre délégué par ces dignitaires, d'administrer les sacrements à tous ceux qui faisaient partie de l'armée ou de la suite du roi dans une expédition militaire. Une autre bulle du même jour permettait aux chapelains du roi de France et à tous autres séculiers ou réguliers, avec la permission du confesseur du roi, du confesseur adjoint ou du premier chapelain, de célébrer l'office sous la tente, dans les expéditions militaires, sans les pouvoirs de l'Ordinaire (2). Ces deux documents tendraient à faire croire que ce n'était pas l'aumônier qui allait à la guerre avec les rois, mais bien le confesseur.

Au moyen âge, on se préparait au combat par des actions pieuses. Le 26 août 1346, jour de la bataille de Crécy, « Édouard se leva assez matin par raison, dit le
« chroniqueur, et ouït messe, et le prince de Galles, son
« fils, et s'accommunièrent, et en telle manière la plus
« grande partie de ses gens se confessèrent et mirent en
« bon état..... et après, il fit faire et ordonner par son

(1) Ordonnances des rois de France.
(2) *Collection de documents inédits sur l'Histoire de France,* 1re série, *Histoire politique.*

« connétable et ses maréchaux trois batailles. » Dix ans
plus tard, le chroniqueur, racontant la bataille de Poitiers,
dit : « Quand vint le dimanche au matin, le roi de
« France, qui grand désir avait de combattre les Anglais,
« fit en son pavillon chanter messe moult solen-
« nellement devant lui et s'accoumunia ainsi que ses
« fils. »

Nous avons dit que l'aumônier était spécialement chargé
de distribuer aux pauvres les fonds que les rois ou les
seigneurs destinaient à cet usage. Le 12 octobre 1373,
Charles V rend un mandement qui nous paraît assez
curieux pour être rapporté : « Pour ce que nous avons
« entendu que à présent il est grant nécessité et deffaut
« entre nostre peuple de petite monnoye noire ..... Nous
« avons ordonné que en la monnoye de Tournay ou
« ailleurs, se mestier est, soient faiz, ouvrez et monnoyez
« la somme de cinq cens marcs d'argent ou environ ; c'est
« assavoir, trois cens marcs de Paris pour ung denier
« parisis la pièce ; lesquelz seront delivrez à nostre aumos-
« nier, pour faire nostre aulmosne (1). » Malgré ces rudi-
ments d'organisation, l'institution de l'aumônerie militaire est néanmoins très-imparfaite. On ne trouve pas de
prêtres attachés aux *compagnies d'ordonnance* créées par
Charles V, pas davantage aux *francs archers* de la création
de Charles VII, pas plus aux *légionnaires* de Fran-
çois Ier. Enfin, il suffit de voir le tableau qu'un contemporain trace des *grandes compagnies* au XIVe siècle, pour
expliquer l'absence de prêtres dans ces troupes : « Les
« églises sont pillées, dit-il, qui n'y demeure ni livres, ni
« bureste ou couppe où le corps de nostre Seigneur
« repose, ni reliques pour tant qu'il y ait or ou argent ou
« aucun métal, qu'ils ne gettent, soit le corps de nostre

____

(1) Ordonnances des rois de France.

« Seigneur, soient les reliques (1). » Les bandes, troupes vraiment nationales de l'époque, étaient mieux composées, et encore contenaient-elles beaucoup de « renieurs de Dieu « et de vieilles dettes (2). »

Geofroi de Pompadour, évêque d'Angoulême, ensuite de Périgueux et du Pui en Velai, fut créé *grand aumônier* du roi en l'année 1486 (3). Commynes rapporte que le jour de la bataille de Fornoue, le 5 juillet 1495, « le roi « entendit la messe à six heures du matin, communia, « monta à cheval, et se mit en marche avec son corps « d'armée. » Des faits nombreux nous prouvent qu'au XVIᵉ siècle la grande aumônerie royale avait encore un caractère tout privé. Quand Bayard reçut, dans la retraite de Rebec, un coup d'arquebuse qui lui brisa les reins, il attendit la mort en Français et en chrétien, le visage tourné vers l'ennemi, les yeux fixés sur la poignée de son épée, dont la forme lui présentait le signe révéré de la foi. Voici en quels termes Commynes nous raconte les derniers moments du *bon chevalier sans paour et sans reproche :* « .... Les povres serviteurs, domesticques étaient tous « transsiz, entre lesquelz estait son povre maistre d'hostel « qui ne l'abandonna jamais, et se confessa le bon che-« valier à luy, par faulte de prestre. » Et plus loin : « Il « demeura encore en vie deux ou trois heures ; et par les « ennemys luy fut tendu ung beau pavillon, et ung list de « camp, sur quoy il fut couché ; et luy fut amené ung « prestre auquel dévotement se confessa. » Telle fut la fin du dernier représentant de la chevalerie française.

(1) *Journal d'un bourgeois de Paris.*

(2) *Mémoires de Claude Haton,* publiés par **M.** Bourquelot, dans la collection des *Documents inédits sur l'Histoire de France,* 1857, p. 937.

(3) Parmi les prélats qui ont été aumôniers des rois de France, nous citerons : Jean-Balue, aumônier de Louis XI. Il est inhumé dans l'église de Sainte-Praxède, à Rome, avec cette épitaphe : Ayant éprouvé en sa vie la bonne et la mauvaise fortune.

Vers le milieu du xviᵉ siècle, la grande aumônerie royale vit ses attributions étendues. Antoine Sanguin, dit le *cardinal de Meudon,* évêque d'Orléans et archevêque de Toulouse, fut nommé *grand aumônier de France* le 7 août 1543 et, le premier, en reçut le titre. Cette charge fut mise au rang des offices de la couronne. Elle était réservée à des prélats de haute naissance. Cependant, le lendemain même de son avénement, Charles IX nomma son précepteur Jacques Amyot, d'une famille pauvre, grand aumônier. A ce sujet, Saint-Réal, historien contemporain, fort peu scrupuleux, du reste, raconte que la reine-mère, Catherine de Médicis, qui destinait cette place à un autre, entra en fureur, fit appeler Amyot, et lui dit : « J'ai fait bouquer les Guise et les Chatillon, les « connétables et les chanceliers, les rois de Navarre et les « princes de Condé, et je vous ai en tête, petit pres- « tolet. » Nonobstant cela, le roi le maintint. Henri III, successeur de Charles IX, élève également de Jacques Amyot, conserva à son précepteur sa charge de grand aumônier. Bien mieux, quand ce roi institua l'ordre du Saint-Esprit, voulant en honorer Amyot, qui n'était pas gentilhomme, il glissa cet article parmi les statuts de l'ordre, que « quiconque serait grand aumônier de « France serait aussi commandeur du Saint-Esprit, sans « être tenu de faire ses preuves de noblesse. »

Le grand aumônier de France jouissait de plusieurs prérogatives qui le distinguaient des autres prélats; entre tous les autres, il avait le droit d'officier pontificalement partout où se trouvait le roi, parce qu'il était regardé comme l'évêque et l'Ordinaire de la cour, en raison d'un antique privilége du commencement du xivᵉ siècle. Une bulle accordée par Benoît XI à Philippe IV le Bel, en date du 18 avril 1304, avait exempté de la juridiction de l'Ordinaire les chanoines, chapelains et clercs de la chapelle du roi de France. Néanmoins ce privilége amenait souvent des démêlés avec les évêques diocésains (1).

Un des droits qui appartenait au grand aumônier était la nomination des aumôniers militaires qui furent attachés à chacun des régiments de Picardie, Champagne, Navarre et Piémont, créés en l'année 1558, et il prenait, pour cette raison, le titre d'évêque des armées. Il avait directement dans sa dépendance un premier aumônier, huit aumôniers ordinaires, et un assez grand nombre de chapelains et de prédicateurs.

Quand Louvois procéda à la réorganisation de l'armée, en 1668, il conserva dans chaque régiment d'infanterie un aumônier. Les régiments de cavalerie n'en avaient qu'en temps de guerre seulement. Les ecclésiastiques attachés aux troupes devaient être approuvés de leur évêque diocésain ou de leur supérieur, s'ils étaient religieux ; c'est ce que portait l'article 1er d'une ordonnance de 1681. Le même article veut que dans les navires qui feront des voyages de long cours il y ait un aumônier. L'article 3 dit : « L'aumônier célébrera la messe, du moins « les fêtes et dimanches ; il administrera les sacrements à « ceux du vaisseau, et fera tous les jours, matin et soir, la « prière publique, où chacun sera tenu d'assister, s'il n'a « pas d'empêchement légitime. » L'art. 4 et dernier de ce même titre défend, sous peine de la vie, à tous propriétaires, marchands, passagers, mariniers et autres, de quelque religion qu'ils soient, qui se trouveront dans les vaisseaux, d'apporter aucun trouble à l'exercice de la religion catholique, et leur enjoint de porter honneur et révérence à l'aumônier, à peine de punition exemplaire.

(1) Par exemple, à l'occasion du mariage d'Henriette de France, troisième fille d'Henri IV, avec Charles Ier, roi d'Angleterre, entre le grand aumônier de la Rochefoucauld et M. de Gondy, archevêque de Paris. En 1825, à l'occasion des obsèques de Louis XVIII, entre le grand aumônier et M. de Quélen, archevêque de Paris.

Il y avait de semblables ordonnances touchant les ecclésiastiques affectés aux garnisons et aux régiments. Toutefois ces derniers ne portèrent le titre officiel d'aumôniers de régiment qu'à dater de 1760. Ces aumôniers étaient compris dans l'état-major du corps ; ils passaient après le trésorier et avant le chirurgien-major. L'ordonnance de 1784 attache les aumôniers, en tout temps, aux régiments de cavalerie comme à ceux d'infanterie, et ces ecclésiastiques sont classés après le chirurgien, et avant le tambour-major, dans l'infanterie ; dans la cavalerie, avant le maître maréchal.

Quant aux régiments étrangers, alors au service de la France, ils avaient jusqu'à trois aumôniers chacun, et quelquefois un ministre.

Nous venons de voir qu'avant le combat, l'armée, et particulièrement les officiers, entendaient la messe et communiaient. A propos de cette coutume et de la bataille de Fontenoy, M. Léon Gozlan écrit dans son *Histoire des châteaux de France :* « Le jour de la bataille de Fontenoy, le petit-fils « de Louis XIV s'élança un des premiers à la tête de Fitz- « James cavalerie sur la colonne anglaise, après avoir, « selon l'usage qui allait bientôt se perdre, entendu la « messe et communié. » Ce fut, dit Léon Gozlan, une de ces dernières cérémonies pieuses qui prêtaient un caractère si solennel aux préludes des batailles. Tête nue sous le ciel, tous ces jeunes et brillants officiers, la bride de leur cheval à la main, posant un genou en terre, écoutaient, humbles, contrits, la voix du prêtre qui implorait du haut d'un autel dressé au milieu du camp la miséricorde divine pour les vaincus, pour les vainqueurs, pour tout le monde. Vingt mille hommes, trente mille hommes tombaient à ras du sol, pour se relever au son des trompettes, fiers, confiants, braves, résolus à mourir pour leur roi, car le roi était alors la patrie.

Voilà ce qui se passait avant la bataille ; Châteaubriand,

parlant des funérailles du guerrier, s'exprime ainsi :
« Une noble simplicité présidait aux obsèques du guerrier
« chrétien. Lorsqu'on croyait encore à quelque chose, on
« aimait à voir un aumônier dans une tente ouverte près
« d'un champ de bataille, célébrer une messe des morts
« sur un autel formé de tambours. C'était un assez beau
« spectacle de voir le Dieu des armées descendre à la voix
« d'un prêtre sur les tentes d'un camp français, tandis
« que de vieux soldats, qui avaient tant de fois bravé la
« mort, tombaient à genoux devant un cercueil, un autel et
« un ministre de paix. Aux roulements des tambours dra-
« pés, aux salves interrompues du canon, des grenadiers
« portaient le corps de leur vaillant capitaine à la tombe
« qu'ils avaient creusée pour lui avec leurs baïonnettes. »

IV.

Le xixe siècle ouvrit pour l'aumônerie militaire, comme
pour beaucoup d'autres institutions, une ère entièrement
nouvelle. La grande aumônerie de France était tombée
avec la monarchie, en 1792. Napoléon Ier, voulant reconnaître les services que le cardinal Fesch, son oncle, lui
avait rendus dans le poste de ministre plénipotentiaire
près le Saint-Siége, nomma ce prélat grand aumônier de
l'empire. Mais pendant toute la période impériale, il n'y
eut pas d'aumôniers dans les régiments, du moins dans
les régiments français. En vertu de la capitulation militaire conclue entre la France et la Suisse, le 27 sep-
tembre 1803, la France dut entretenir à son service
plusieurs régiments. A cette occasion, un arrêté du
29 germinal an XII régla la solde et les indemnités à
allouer à l'aumônier et au ministre qui entraient dans la
composition de chaque régiment.
La Restauration s'empressa de rendre aux hôpitaux

militaires, ainsi qu'à la marine, les aumôniers que la
législation antérieure à la Révolution y avait attachés ;
ce fut l'objet de l'ordonnance du 1er octobre 1814. Le
préambule de cette ordonnance mérite d'être rapporté :

« Considérant que les ordonnances de nos prédéces-
« seurs attachaient aux hôpitaux militaires des aumôniers
« dont les fonctions avaient pour objet d'entretenir les
« malades dans les sentiments de la religion, de leur en
« faire pratiquer les devoirs, et de leur en administrer les
« secours et les consolations ; que les principes d'une saine
« morale réclament le rétablissement de cette salutaire
« institution, etc.......

« Un aumônier est attaché à chaque hôpital ; il est dési-
« gné au ministre de la guerre par le ministre de l'inté-
« rieur parmi les ecclésiastiques qui sont choisis par leurs
« évêques. Leur traitement varie de quatre cents à quinze
« cents francs par an, suivant la force de chaque
« hôpital. »

Le 24 juillet 1816, on plaça un aumônier dans chacun
des corps de l'armée qui était constitué en régiment ou en
légion. L'aumônier avait rang de capitaine, et il en tou-
chait le traitement. Il percevait en outre l'indemnité de
fourrages. La pension de retraite du capitaine lui était due
après vingt ans de service. Son rang de préséance dans
l'état-major régimentaire était après le porte-étendard et
avant le chirurgien-major.

Les aumôniers étaient sous la juridiction ecclésiastique
et disciplinaire du grand aumônier. C'est lui qui présentait
les candidats à la nomination du ministre secrétaire
d'État de la guerre, d'après les choix préalablement faits
par les évêques diocésains ou par les supérieurs des religieux. Il provoquait aussi les changements et les révoca-
tions sur les plaintes que les chefs de corps pouvaient
adresser au ministre. Des circulaires postérieures réglè-
rent l'exécution du service du culte.

En temps de paix, les aumôniers célébraient la messe militaire dans les paroisses des villes de garnison. Une église était assignée à chaque régiment ou au plus à deux. Pour indemniser les fabriques des dépenses que leur occasionnaient le prêt des ornements, des vases sacrés, le luminaire et autres frais accessoires, il leur était accordé une somme annuelle de cent francs, payable par mois. Les desservants des paroisses qui étaient appelés à suppléer les aumôniers avant l'arrivée des titulaires, recevaient une indemnité de cent cinquante francs, payable aussi par mois. Quand tous les corps de troupe furent pourvus d'un aumônier, une messe particulière, suivie d'une instruction, était dite pour chacun d'eux.

Indépendamment de leurs fonctions spirituelles, les aumôniers avaient la gardr de la bibliothèque du régiment ou de la légion ; ils surveillaient l'instruction primaire des enfants de troupe, et dirigeaient leur instruction religieuse.

Au moment d'une guerre, les corps étaient autorisés à acheter une chapelle de campagne comprenant tous les objets nécessaires à la célébration du culte, tels que ornements, vases, chandeliers, etc..... L'aumônier devenait comptable de ce matériel, et recevait une indemnité fixée à quarante-huit francs par an, pour les dépenses de luminaire, du pain et du vin d'autel.

Le 12 mai 1825, le roi Charles X décida que les aumôniers, à leur arrivée dans les corps, devaient être reconnus devant tout le régiment, et prêter serment comme les officiers ; qu'ils avaient, comme eux, droit, de la part des sous-officiers et soldats, au port d'armes et au salut militaire ; enfin qu'ils devaient prendre rang à l'état-major immédiatement après les officiers supérieurs.

Une ordonnance du 4 juillet 1829 fixa le nombre des aumôniers à employer dans les places de guerre à six, savoir : à Bitche, à Fort-Sainte-Marguerite, à Porquerolles, à Bellegarde, à Oléron, au port royal de Cherbourg.

Tous ces règlements, si sages et si politiques, furent rapportés après la Révolution de juillet 1830. La grande aumônerie de France fut supprimée, les aumôniers des régiments remis à la disposition des évêques diocésains. Une indemnité de six mois de traitement leur fut accordée. On devait instituer un aumônier dans les garnisons, places et établissements militaires où le clergé des paroisses était insuffisant pour assurer le service divin, de même qu'auprès de chaque brigade, en cas de rassemblements de troupe. Telle était la règle, mais en fait il n'y eut d'aumôniers que dans les places indiquées par l'ordonnance du 4 juillet, dans les hôpitaux militaires et dans la marine ; les messes militaires tombèrent en désuétude.

Le règlement du 1er avril 1831, sur les hôpitaux militaires, détermina la position des aumôniers, en ce qui concernait leur mode de nomination, la quotité de leur traitement, leurs devoirs spéciaux sous le rapport du temporel comme du spirituel, enfin la nature de leurs rapports avec l'autorité militaire. Les aumôniers devaient dire la messe tous les matins, et autant que possible pendant l'intervalle de temps qui sépare la visite de la distribution ; ils devaient aller journellement dans les salles pour offrir aux malades les secours de la religion, et pour l'administration des sacrements ; ils faisaient aussi la prière tous les soirs après l'heure de la distribution ; ils assistaient aux enterrements, prenaient soin des objets du culte, et avaient un infirmier pour les aider dans la garde de ces objets, comme aussi pour faire les fonctions de sacristain. Les aumôniers devaient s'entendre avec les sous-intendants et les officiers comptables pour l'exécution de leur service temporel. Ils ne pouvaient s'absenter sans la permission du sous-intendant, auquel ils devaient faire agréer l'ecclésiastique par lequel ils se faisaient remplacer.

Les malades catholiques voyaient, chaque jour, l'aumônier dans leur salle, et avaient la facilité de communiquer
avec lui ; il n'en était pas de même pour les malades
appartenant aux autres communions. Ces derniers ne recevaient la visite du ministre de leur culte que s'ils en
témoignaient le désir. Mais comme tous les hommes ne
sont pas doués d'une âme assez forte pour exprimer ce
besoin, le bienfait était perdu pour le plus grand nombre.
On le comprit, en effet, et cette considération dicta la
circulaire du 20 novembre 1846. Les ministres des trois
cultes légalement reconnus, luthériens, calvinistes, israélites, virent les portes des hôpitaux s'ouvrir devant eux,
pour leur permettre de visiter leurs coréligionnaires et leur
offrir les consolations de leur foi. Cette mesure était,
d'ailleurs, conforme aux principes de la liberté religieuse,
conforme aussi aux articles organiques de la convention de
l'an XI, entre Sa Sainteté le Pape et le Gouvernement
français.

Un décret du 31 mars 1852 réorganisa le service des
aumôniers de mer. Il créa un emploi d'aumônier en chef
de la flotte, chargé, près du ministre, de la direction et de
la centralisation du service religieux à la mer. Un aumônier était embarqué à bord de tout bâtiment portant
pavillon d'officier général ou guidon de chef de division
navale, de même qu'à bord de tout bâtiment appelé à
exécuter soit une longue campagne, soit à remplir une
mission exceptionnelle.

En 1854, un aumônier supérieur fut chargé d'organiser
le service religieux pour toute l'armée qui allait combattre
en Orient : on nomma un simple aumônier pour chaque
division et pour chaque grande ambulance. Un cheval
était mis à leur disposition pendant la durée de l'expédition. Ces braves prêtres payèrent un généreux tribut au
choléra et au typhus dans les ambulances de Kamiech et
de Constantinople. Leur digne chef, l'abbé Parabère, est

immortalisé par le tableau d'un de nos grands peintres de batailles, Yvon..... Il est représenté, à cheval sur un canon, gravissant les pentes qui mènent sur le plateau de l'Alma. A cette époque, leur costume fut réglementé. Les aumôniers devaient porter, dans le service ordinaire, la soutane ou la soutanelle ; lors des réceptions et visites, la soutane avec la ceinture, le petit manteau et les souliers à boucles. Comme marques distinctives des fonctions, ils portaient : l'aumônier supérieur, la croix en émail blanc, suspendue au cou par un cordon vert et argent, glands également verts et argent au chapeau et à la ceinture ; les autres aumôniers, la croix en argent suspendue au cou par un cordon vert, glands également verts au chapeau et à la ceinture.

L'aumônier supérieur prenait rang avec les chefs de bataillon, et les autres aumôniers avec les capitaines. Ils recevaient les honneurs militaires et le traitement attribués à ces grades.

Le 4 août 1855, un décret impérial attacha, avec le titre d'aumônier, à chacun des hôpitaux français établis en Orient, et desservis par des sœurs de Saint-Vincent-de-Paul, un des missionnaires lazaristes faisant partie de la mission de Constantinople.

En 1857, Napoléon reconstitua la grande aumônerie. L'année suivante, on changea la couleur du ruban auquel était suspendue la croix de l'aumônier. Le contour devait être *noir liseré orange,* de la largeur de trois centimètres. Les glands du chapeau et de la ceinture furent *noirs* et *argent* pour l'aumônier supérieur, et *noirs,* sans mélange d'autre couleur, pour les aumôniers.

A l'armée d'Italie, le service religieux ne fut pas constitué très-fortement. Il y avait un aumônier supérieur, l'abbé Laisne, chapelain de l'empereur, et un aumônier à chaque corps d'armée. Il est vrai que les troupes étaient appelées à opérer dans un pays allié, et de plus catholique.

On était sûr, dès lors, de trouver des prêtres dans tous les centres de population.

Le décret portant règlement sur le service des places de guerre et villes de garnison, en date du 13 octobre 1863, dispose, en son article 338, que les sentinelles doivent présenter les armes à l'aumônier en chef de la marine et aux aumôniers supérieurs de l'armée, et porter les armes aux aumôniers de l'armée et de la marine.

Un autre décret du 14 février 1866 crée un aumônier en chef. Cet ecclésiastique était nommé par l'empereur, sur la proposition du ministre de la guerre, après avis du grand aumônier. Il était chargé de donner son avis au ministre sur tout ce qui concernait le personnel et le service des aumôniers militaires. Pour le traitement, les préséances et la pension de retraite, l'aumônier en chef était assimilé à un intendant divisionnaire. Durant la paix, les aumôniers demeuraient sous l'autorité spirituelle de l'évêque du diocèse dans lequel ils exerçaient leurs fonctions. Hors du territoire, ils recevaient leurs pouvoirs spirituels du grand aumônier, et étaient placés sous son autorité. Le décret ajoutait : « Il sera pourvu dans notre armée, selon les besoins régulièrement constatés, au service des cultes non catholiques, légalement reconnus. »

Mais les exigences budgétaires ne permirent pas de donner à ce décret une exécution pleine et entière. Il y eut un aumônier en chef, et pas d'aumôniers inférieurs. Telle était la situation, lorsqu'éclata la guerre de 1870.

Les premiers corps d'armée qu'on dirigea vers la frontière furent dotés d'un service religieux calqué sur celui de 1854. Mais à la suite des premiers engagements, le personnel ecclésiastique devint insuffisant. Bien plus, les corps créés au camp de Châlons furent privés totalement de ce service. Nous avons le cœur encore navré, quand notre pensée se reporte vers les champs de bataille de Mouzon, de Sedan, où, aux regards des malheureux blessés, nous devinions qu'ils nous demandaient l'ami de la dernière heure, celui qui devait les consoler au moment où ils allaient entrer dans l'éternité.

A l'armée de la Loire, le service religieux reçut une organisation convenable. Non-seulement chaque ambulance militaire ou internationale avait son aumônier, mais encore chaque régiment de mobiles. Et, dans le cours de cette campagne, il a été facile de distinguer où se déployait la bravoure, où se cachait la pusillanimité. C'est une vérité qui n'est plus à démontrer, que les caractères et les courages s'abaissent ou s'élèvent selon que le sentiment religieux s'élève ou s'abaisse. Ceux-là qui craignent moins l'idée religieuse, c'est-à-dire l'idée de devoir et d'espérance, sont aussi ceux qui craignent le moins l'ennemi et la mort. Interrogez plutôt nos vainqueurs, demandez-leur où la victoire était la plus dure à remporter?..... Ils vous répondront : Quand nous avions en face les bataillons de Charette et de Cathelineau. Oui, c'étaient les soldats les plus valeureux, parce qu'ils ne séparaient point Dieu et la patrie. Pour eux, aimer la patrie, servir la patrie, c'était encore aimer et servir Dieu sous une des formes à la fois les plus simples et les plus humaines.

Le ministre qui était à cette époque à la tête du gouvernement de la Défense nationale demandait au soldat trois choses : 1° la discipline, 2° l'austérité des mœurs, 3° le mépris de la mort. Trois grandes vertus, assurément, et qui rendent, sinon invincible, du moins victorieuse l'armée qui les possède. Mais, ces vertus, où le soldat peut-il les puiser? Dans le sentiment religieux, et rien que là. C'est la religion qui allume dans le cœur de l'homme la flamme du patriotisme, parce qu'elle lui apprend que la patrie est comme une extension de la famille naturelle; c'est elle qui rend les mœurs austères, parce qu'elle rend la privation méritoire; elle seule peut monter l'âme du guerrier au ton de cette abnégation qui lui inspirera des actions difficiles; qui lui fera braver de grands dangers pour rendre de grands services, qui le portera à s'immoler..... et cela parce que la religion lui promet la possession de Dieu comme la suprême récompense de ses efforts, de ses sacrifices. La religion est pour le soldat une initiation à la vertu, au désintéressement, à l'héroïsme; le manque de religion est pour lui tout le contraire. L'amour de la patrie n'est que du chauvinisme, dit le sceptique, l'obéissance aux lois n'est que de la servilité; l'héroïsme n'est que du bonheur! Eh quoi, notre siècle est donc bien riche en croyances, en dévouements, en enthousiasmes; elles sont donc bien communes les âmes éprises d'immolation et de souffrance, préférant l'honneur à la richesse, le sacrifice au bien-être, la mort à la vie, qu'il convienne de leur prêcher une doctrine desséchante, de les décourager par de froids calculs, de prouver qu'elles sont dupes d'une illusion dangereuse!

V

Bien que la nécessité de la religion soit une vérité reconnue par tous, cependant le mot même de religion n'est prononcé dans aucun règlement militaire. On se préoccupe, avec une sollicitude que nous aurions mauvaise grâce à ne pas reconnaître, de la nourriture du corps, et on n'a nul souci des besoins spirituels. On s'ingénie à absorber les militaires par des occupations temporelles que nous sommes loin de blâmer, et on n'a pas l'idée de consacrer quelques instants dans la journée, ou seulement par semaine, à leur parler de leurs devoirs envers le Dieu des armées.

Dans ces derniers temps, une voix éloquente s'est fait entendre, qui a revendiqué les droits de l'âme. Grâce à cette protestation, un article de la nouvelle loi sur le recrutement oblige les ministres de la guerre et de la marine à assurer aux militaires et marins le temps et la liberté de vaquer à leurs devoirs religieux, les dimanches et les jours fériés. La liberté, le temps, c'est bien, sans doute; mais ce n'est pas tout. Le soldat a encore besoin d'une église, d'un prêtre qui lui dise la messe, d'un prédicateur qui lui fasse connaître ses devoirs moraux, d'un ministre qui lui donne les sacrements, en un mot, d'un aumônier particulier. Et quand on consacre des millions à l'entretien des musiques, dont l'effet est d'exciter le cœur, ne peut-on pas affecter cent mille francs à l'organisation d'une institution qui procure l'avantage de soutenir le courage et de le consoler ? Aussi bien, la nouvelle loi du recrutement, appelant sous les drapeaux toute la jeunesse française, impose à l'armée le devoir de compléter le rôle de la famille et de l'école. A cette condition, on aura le Français complet, c'est-à-dire à la fois l'homme, le citoyen et le soldat.

Pourquoi faut-il qu'une institution qui, pendant de longs siècles, fut si populaire en France, et qui de nos jours encore est entourée de respect dans toutes les autres armées, soit si négligée ! Alors que le seul mot *religion* n'est écrit dans aucun règlement sur le service journalier, ainsi que nous l'avons dit plus haut, l'instruction du 9 juin 1870, sur le service de garnison de l'armée prussienne, prescrit les formes dans lesquelles les postes doivent dire la prière, au réveil et à la retraite; de plus il contient tout un chapitre concernant les *devoirs religieux des troupes.* Nous le rapportons *in extenso* (1) :

« Le soldat ne peut être astreint, en fait de devoirs de
« piété, qu'à ceux que comporte sa confession religieuse,
« si ce n'est lorsque, dans les grands rassemblements ou

____

(1) Traduit de l'allemand, par MM. les lieutenants Samion et Laplanche.

« bien à l'occasion d'une fête religieuse, il doit être célé-
« bré, en plein air, un service divin auquel assistent toutes
« les troupes.

« Le gouverneur doit faire en sorte de régler la fré-
« quentation de l'église par la garnison, de manière que
« chaque soldat, aussi bien celui de la confession évangé-
« lique que celui de la confession catholique, soit conduit
« au moins une fois par mois, le dimanche, à l'église,
« pour y assister à la célébration du service divin. Si
« l'effectif des troupes est trop fort pour que le quart des
« hommes puisse trouver place et s'asseoir dans l'église
« de la garnison, on se sert d'autres églises.

« Le service de garde et celui d'ordonnance ne peuvent
« être évités, mais tous les autres doivent être ordonnés,
« pour les dimanches et les jours de fêtes, de façon que le
« soldat ne puisse, en aucun cas, être empêché, dans les
« circonstances habituelles, d'assister aux cérémonies de
« l'église. Cette mesure s'applique même aux hommes
« punis, autant que son exécution ne peut nuire à la
« surveillance qui doit être exercée sur eux.

« Les jours de grande fête, des détachements de toutes
« les troupes de la garnison, dont l'effectif est propor-
« tionné à la place disponible, sont conduits à l'église.

« Dans les garnisons où il n'y a pas d'église spéciale
« pour la troupe, le commandant en chef désigne les
« églises auxquelles les soldats doivent se rendre pour
« assister aux offices, et des places sont assignées, dans
« ces églises, aux militaires. S'il n'y a pas d'espace suffi-
« sant, on institue un service divin à part pour les mili-
« taires. Afin d'éviter tout encombrement, on a soin de
« fixer l'heure de ce service, de manière qu'elle soit sépa-
« rée, par un intervalle suffisant, de celle à laquelle a lieu
« l'office ordinaire.

« Le service divin pour la troupe a toujours lieu avant
« midi.

« L'office du dimanche et des jours de fête ne doit pas
« durer plus d'une heure.

« Lorsque le froid dépasse cinq degrés au-dessous de
« zéro, le sermon qui suit l'office ne doit pas durer plus
« de vingt minutes.

« Dans les places où tous les militaires pratiquent les
« devoirs du service évangélique, lorsque le froid dépasse
« cinq degrés, si l'office dure plus de trois quarts d'heure,
« on ne conduit plus les soldats à l'église. On doit alors
« laisser chacun libre de s'y rendre isolément, pour son
« compte personnel.

« Lorsque le froid dépasse cinq degrés, on abrége
« autant que possible le service divin des militaires catho-
« liques.

« Les jours de grande fête, pour les soldats de la con-
« fession évangélique, sont :

« Noël, Pâques, la Pentecôte, le Vendredi saint, le jour
« de la Pénitence, l'Ascension et le premier jour de l'an.

« Pour les soldats de la confession catholique :

« Noël, Pâques, la Pentecôte, l'Ascension, le premier
« jour de l'an, la Fête-Dieu.

« Pour ces jours de fête, ainsi que pour l'anniversaire
« de la naissance du roi, on laisse le soldat libre de tout
« service non indispensable. Il y a encore quelques jours
« de fêtes pour les soldats de la confession catholique, à
« l'occasion desquels on facilite, autant que possible, à ces
« hommes la fréquentation de l'église de leur culte. Tels
« sont : le jour des Rois, la Toussaint, la Chandeleur,
« l'Annonciation, la fête des saints Pierre et Paul, l'Im-
« maculée-Conception.

« Les soldats juifs jouissent des mêmes facilités aux
« jours fériés de leur religion.

« La tenue, pour l'église, est celle indiquée pour la
« parade du mot d'ordre, les dimanches et jours de
« fêtes. »

« En campagne, un aumônier, un ministre et un rabbin
« sont attachés à chacune des fractions organiques princi-
« pales de l'armée. »

Dans l'antiquité, c'est par l'esprit militaire, excité et
entretenu par la religion et l'agriculture, que Rome a
vécu si longtemps, et s'est élevée à une si haute puissance.
« Encore que les Romains, dit Cicéron, ne fussent pas
égaux aux Espagnols par le nombre, aux Gaulois par la
force, aux Africains par l'astuce, aux Grecs par la science,
aux Latins par l'esprit, ils avaient vaincu quand même
toutes les nations étrangères, à cause de leur piété, de leur
religion et de leur croyance dans la sagesse des Dieux
immortels pour gouverner toutes choses. » De même, la
Prusse, qui présente certains points de ressemblance avec
l'ancienne Rome, associe-t-elle dans une union intime
l'esprit religieux avec l'esprit patriotique et l'esprit militaire. Et ces trois principes, elle les inscrit au front de ses
soldats : « *Avec Dieu, pour le Roi et la Patrie.* »

Mais il est temps d'exposer une organisation de l'aumônerie, telle que la confirme pour nous l'expérience de
plusieurs guerres. Notre projet ne concerne que les aumôniers, parce que la religion catholique est la religion pro-
fessée par la grande majorité. Mais il peut être pris des
mesures similaires pour les autres cultes légalement
reconnus.

Au ministère, un aumônier-directeur chargé, près du
ministre, de la direction et de la centralisation du service
religieux. Il serait l'intermédiaire entre le ministre de la
guerre et le ministre des cultes ou les évêques diocésains.
Plusieurs évêques, nous le savons, voudraient que chaque
aumônier régimentaire ou divisionnaire dépendît unique-
ment de l'ordinaire, c'est-à-dire de l'autorité diocésaine.
Ce système, en morcelant une administration qui a besoin
d'être fort unie, compacte, nous semble apporter un germe
funeste d'isolement et d'impuissance. L'institution d'un

aumônier supérieur est, à nos yeux, la condition indispensable de la vitalité et de l'efficacité de l'aumônerie militaire.

Que, durant la paix, le corps des aumôniers ne soit pas constitué suivant des degrés hiérarchiques, nous ne saurions y voir aucun inconvénient. Il suffit, pour l'ordre, que l'aumônier de garnison ou de camp soit placé sous la direction et la discipline de l'évêque diocésain, en ce qui touche au spirituel, et sous l'autorité du major de la garnison ou de l'intendant du camp, en ce qui se rapporte au temporel. Mais comme il faut compter avec des conflits sinon probables, du moins possibles, entre l'aumônier et le chef militaire, ou entre le chef militaire et l'évêque diocésain, il importe, au premier chef (l'efficacité du service en dépend), qu'une autorité supérieure décide. Le ministre de la guerre, instruit par lui-même des choses militaires, d'un autre côté renseigné sur les choses religieuses par un ecclésiastique compétent, le ministre, disons-nous, sera mis à même de rendre une décison avec une entière connaissance de cause. C'est cette considération qui nous a déterminé à proposer la création d'un aumônier supérieur.

A l'intérieur, un prêtre séculier ou régulier serait désigné pour dire la messe et faire une instruction morale, les dimanches et les jours fériés, aux troupes tenant garnison dans une place. Nous ne voudrions pas qu'en temps de paix des aumôniers fussent attachés à un régiment, ce qui les obligerait à vivre avec les officiers. Les inconvénients qui résultent de ce système sont sans nombre. Pour n'en citer qu'un seul, n'est-il pas évident que le prêtre serait exposé à voir ou à entendre des choses répréhensibles, dont la censure amènerait infailliblement des froissements ou des conflits, et dont la tolérance amoindrirait son autorité? Mais s'il est désirable que l'aumônier ne vive pas dans un commerce continuel avec les officiers, il n'est pas moins désirable qu'il entretienne des relations de bienséance ou de ministère avec les familles des officiers. Dans ces relations sagement mesurées, il trouvera un puissant élément d'influence.

Tous les officiers du culte catholique devraient assister à la messe militaire, et il serait même bon que les.femmes des officiers y assistassent aussi. Pour obtenir l'observance de cette règle, il suffirait que l'exemple partît d'en haut. Et pourquoi ne pas le dire? le devoir des chefs est de donner l'exemple. L'inférieur n'hésitera point à se soumettre à la règle, s'il voit son supérieur s'y soumettre lui-même.

Un second aumônier serait désigné dans toutes les garnisons où l'effectif dépasserait deux régiments. Car, pour l'ordre et le recueillement, l'assistance à un même office ne devrait pas dépasser le chiffre de deux régiments. Il va sans dire que tout aumônier d'hôpital ou de prison militaire serait aumônier de garnison.

Les aumôniers de garnison porteraient la soutane, la croix et les glands, ce qui leur donnerait libre entrée dans tous les établissements militaires.

Les ecclésiastiques employés dans ces fonctions recevraient un traitement annuel de douze cents francs, payable par douzième. Sur cette somme, ils auraient à désintéresser les fabriques des frais de culte. Toutefois, les aumôniers d'hôpital qui seraient en même temps aumôniers de garnison, ne toucheraient qu'un supplément de six cents francs qui leur servirait à indemniser les fabriques.

Outre la célébration des offices et leur ministère apostolique, les aumôniers prépareraient les enfants de troupe à la première communion et surveilleraient leur éducation morale.

Les nominations seraient faites par le ministre de la guerre, sur la proposition de l'aumônier-directeur. A cet effet, il appartiendrait aux évêques diocésains de présenter trois candidats pour chaque emploi à créer ou devenu vacant. Les choix porteraient sur des ecclésiastiques dans l'âge du service militaire, c'est-à-dire ayant de vingt-cinq à quarante ans, et de plus remplissant certaines conditions de caractère, de tact et d'éducation.

Les ecclésiastiques nommés recevraient une commission ministérielle, et tiendraient leurs pouvoirs de l'évêque diocésain.

L'aumônier détaché dans un camp d'instruction serait logé dans l'hôpital, et aurait droit, pendant son séjour, au même traitement fixe que l'officier comptable.

Si, sur le pied de paix, nous ne demandons pas une hiérarchie pour les aumôniers, il n'en est pas de même sur le pied de guerre. Il est de toute nécessité, dans cette dernière position, qu'une corporation soit instituée suivant des degrés hiérarchiques correspondant aux divers emplois, savoir :

Aumônier d'armée ;

Aumônier de corps d'armée ;

Aumônier de division ;

Aumônier de brigade.

Ces dénominations nous semblent préférables à celles d'aumônier supérieur, aumônier de 1re classe, aumônier de 2e classe. Elles désignent mieux les attributions et la position de chacun. En temps de guerre, les aumôniers tiendraient leurs pouvoirs spirituels de l'aumônier-directeur.

Le service religieux serait constitué ainsi qu'il suit :

1° A l'ambulance du grand quartier général d'une armée, un aumônier d'armée avec un aumônier de division ;

2° A l'ambulance du quartier général d'un corps d'armée, un aumônier de corps d'armée avec un aumônier de brigade ;

3° A l'ambulance du quartier général d'une division, un aumônier de division avec un aumônier de brigade ;

4° Auprès de chaque brigade opérant isolément, un aumônier de brigade.

Deux aumôniers sont nécessaires par division, l'un qui accompagne les troupes sur le champ de l'action, l'autre qui reçoive les blessés à l'ambulance. Et puis, au camp, loin du pays, il est bon que l'aumônier aille d'une tente à l'autre, adoucissant et consolant les douleurs morales. Or un seul prêtre par division ne saurait suffire à une pareille tâche ; car, en telle circonstance, les souffrances sont nombreuses, qui étreignent la poitrine si admirablement généreuse d'un fils, d'un époux, d'un père !

Chaque convoi ou train d'évacuation, chaque hôpital temporaire, aurait son aumônier pris soit dans le clergé de la localité, soit dans le personnel de l'aumônerie.

Les traitements seraient réglés comme suit :

Aumônier d'armée, sur le pied de l'officier principal. . . . . 4,600 »

Aumônier de corps d'armée, sur le pied de l'officier comptable de 1re classe. . . . . 2,800 »

Aumonier de division, sur le pied de l'officier comptable de 2e classe. . . . . 2,500 »

Aumônier de brigade, sur le pied de l'adjudant en premier. . . . . 2,050 »

La différence est sensible entre l'aumônier d'armée et l'aumonier de corps d'armée, mais il est utile de se rendre compte des dépenses diverses que l'aumônier d'armée sera obligé de faire en raison de sa position, comme, par exemple, d'héberger des ecclésiastiques arrivant pour la première fois à l'armée, ou promus, ou changeant de poste, etc.

Dans la fixation de la quotité des traitements nous avons cru devoir prendre pour base les allocations faites aux officiers d'administration des hôpitaux, attendu que les aumôniers sont appelés à vivre avec eux durant la guerre.

A l'ouverture d'une campagne, chaque aumônier serait monté, et une voiture attelée d'un cheval serait accordée aux deux aumôniers d'une même fraction organique pour le transport de leurs bagages et de l'autel de campagne.

Les aumôniers toucheraient la solde, les gratifications, les vivres et les indemnités diverses dans les mêmes positions que les officiers d'administration du service des hôpitaux.

A l'armée, le costume consisterait en un chapeau rond, demi-forme et à petits bords avec une jugulaire, une soutanelle descendant jusqu'aux genoux, un pantalon noir et des honzeaux en cuir verni noir. Un collet-capuchon servirait contre le froid ou la pluie. Tous les aumôniers porteraient sur le devant du chapeau, sur le côté gauche de la poitrine et du collet-capuchon, enfin au bras, la croix de Genève.

Les aumôniers n'étant pas susceptibles d'obtenir une retraite seraient exonérés de tout versement à ce titre; mais ils auraient droit à la pension correspondante à leur traitement dans le cas d'amputation, de blessures ou d'infirmités graves. La décoration leur serait payée.

Nous voici arrivé à la fin de notre étude.

Qu'on nous permette maintenant une réflexion plus générale. La France, dit-on, veut la liberté! Mais c'est surtout dans les États libres que la religion est nécessaire. « C'est là, dit Polybe, que, pour n'être pas obligé de donner un pouvoir dangereux à quelques hommes, la plus forte crainte doit être celle des Dieux. » La vraie liberté est fille de la religion et vient du *Christ,* qui, enseignant aux hommes la vertu et l'amour de la justice, les a relevés de l'abattement où ils vivaient plongés, et leur a rendu tous leurs droits. La religion est le pivot sur lequel s'appuie l'ordre, et se consolident toutes les institutions; elle est le frein qui contient les exigences du despotisme et tout ensemble les fureurs de l'anarchie. Mirabeau, à qui les passions et l'intrigue ne dérobèrent jamais entièrement les grandes vérités politiques, laissa un jour échapper ce mot profond et mémorable, qui terminera nos réflexions, et au besoin leur servira d'excuse : « Avouons à la face de toutes les nations et de tous les siècles, que Dieu est aussi nécessaire que la liberté au peuple français, et plantons le signe auguste de la croix sur la cime de tous les départements. Qu'on ne nous impute point le crime d'avoir voulu tarir les dernières ressources de l'ordre public, et éteindre le dernier espoir de la vertu malheureuse. »

IMPRIMERIE J. BOUSEREZ A TOURS.